CAIXA DE SAPATOS

CARPINEJAR

Caixa de sapatos

Antologia

1ª reimpressão

COMPANHIA DAS LETRAS

Os poemas deste livro foram publicados originalmente nas seguintes obras:
As solas do sol, São Paulo: Bertrand Brasil, 1998;
Um terno de pássaros ao sul, São Paulo: Escrituras, 2000;
Terceira sede, São Paulo: Escrituras, 2001;
Biografia de uma árvore, São Paulo: Escrituras, 2002.

Capa
Angelo Venosa

Revisão
Isabel Jorge Cury
Ana Maria Barbosa

Dados Internacionais de Catalogação na Publicação (CIP)
Câmara Brasileira do Livro, SP, Brasil

Carpinejar
Caixa de Sapatos : antologia / Carpinejar. — São Paulo : Companhia das Letras, 2003.

ISBN 978-85-359-0397-3

1. Poesia brasileira I. Título.

03-3446 CDD-869.91

Índice para catálogo sistemático:
1. Poesia : Literatura brasileira 869.91

[2008]

EDITORA SCHWARCZ LTDA.
Rua Bandeira Paulista 702 cj. 32
04532-002 — São Paulo — SP
Telefone (11) 3707-3500
Fax (11) 3707-3501
www.companhiadasletras.com.br

A literatura não prestou para me entender.

AS SOLAS DO SOL

Uma cidade
reparando a outra,
no trocar do vivente,
como o caranguejo
pinçando os objetos
do afogado.

Desconhecia o vexame
da crença.
Não responderia
ao apelo externo.
Aprendeu a se deslocar parado.
Nos dados biográficos,
nunca largou o hospício.
E os apontamentos
listavam apenas o vegetar
dos cílios e a gradação
dos antibióticos.
Ocupado pela inércia,
descobriu o talento
de vadiar a verdade.

As solas do sol
pisavam os olhos.

Reconheci a antigüidade do rosto
pela fumaça apressada do prado
— ela encorpava,
ardilosa,
uma cobra que endurece
o couro
na estocada da faca.

Deixava a esponja do pulso
no balde dos invernos
com as honrarias
de uma bússola.

Eu obedecia à rapidez do sangue.
Antes de apodrecer a luz,
engolia a altura da árvore.

Converteu-se em vapor,
o espelho,
seguindo
a névoa da bacia.

Às costas do tanque,
o irmão derretia
formigas no pote de manteiga.
Ficavam encadernadas,
rezas empilhadas
na cera da igreja.
O homem mínimo
pressentia-se mirado.

A roldana palitava
a boca da cisterna

e o pescoço da luz vestia
o poncho do vento.

O céu esférico,
cinzento.
Aves copiando o traçado
da migração,
o caule da chuva.

As garças capinavam
as águas.

A saliva das aves
movia o motor
do riacho.

As enxadas
adoeciam o porão.

As laranjas prematuras,
lâmpadas queimadas,
boiavam no esgoto
do pátio,
com o suco parado,
isoladas da eletricidade.

A noite urinava
nas paredes
do quarto.

Desfiei um maço
de jasmim
na jarra
e esvaziei o hálito.

A vida amou a morte
mais do que havia para morrer.

Na beira da cama,
o sândalo dos pés
convidava-me
a renunciar às sandálias
e debulhar a palha noturna.

Apaguei os pensamentos
na espuma da pele.

Abandonar o paraíso,
a única forma
de não esquecê-lo.

Na claridade povoada,
acendi tua nudez.

Ágil, ovo sem clara.

A lua desabou nos ombros.
A face reluziu na faca.
Abreviei a terra
ao tamanho da sombra.

UM TERNO DE PÁSSAROS AO SUL

Nasci vingativo,
negando
o que deveria perdoar,

omitindo
o que deveria mencionar,
exagerando para soar falso

o que de verdade sinto.
Falsifiquei-me para que fosses
próximo do real.

Ao escapar de tua figura
me tornei igual.
Tudo está perdido, então

tudo é necessário.
Sou a barca que fica
afiando as águas.

É uma violência não
te olhar. O mesmo jeito
de menear a cabeça no abraço,

o mesmo vinco
enobrecido pelo viço,
o mesmo arrecife nas olheiras.

Não sei o que procuro,
mas quem me procura.
Volta, pai, memorizei

o que não foi falado.

Te compreender
não me libertou.

Só te amei
sendo teu inimigo.
A amizade contigo

é um esforço físico,
inventa-se o caminho
até rarear o pedal da luz.

Até me inventar no caminhante.
Forço a solidão de estarmos
lado a lado,

tomando coragem
para dizer:
vamos voltar?

Chega de seguir
vendados pelas mãos
macias da neblina.

Descobri tarde:
tua única residência
é distanciar-se da casa.

Desembaraça-me
do excesso
de estar

onde não sou.

Eu alterei
a ordem do teu ódio.
Fiz fretes de obras

na estante.
Mudava os títulos
de endereço

em tua biblioteca
e rastreavas, ensandecido,
aquele morto encadernado

que ressuscitou
quando havias enterrado
a leitura,

aquele coração insistente,
deixando atrás uma cova
aberta na coleção.

Sou também um livro
que levantou
dos teus olhos deitados.

Em tudo o que riscavas,
queria um testamento.
Assim recolhia os insetos

de tua matança,
o alfabeto abatido
nas margens.

Folheava os textos,
contornando as pedras
de tuas anotações.

Retraído,
como um arquipélago
nas fronteiras azuis.

Desnorteado,
como um cão
entre a velocidade

e os carros.
Descia o barranco úmido
de tua letra,

premeditando
os tropeços.
Sublinhavas de caneta,

visceral,
impaciente com o orvalho,
a fúria em devorar as idéias,

cortar as linhas em estacas da cruz,
marcá-las com a estada.
Tua pontuação delgada,

um oceano
na fruta branca.
Pretendias impressionar

o futuro com a precocidade.
A mãe remava
em tua devastação,

percorria os parágrafos a lápis.
O grafite dela, fino,
uma agulha cerzindo

a moldura marfim.
Calma e cordata,
sentava no meio-fio da tinta,

descansando a fogueira
das folhas e grilos.
Cheguei tarde

para a ceia.
Preparava o jantar
com as sobras do almoço.

Lia o que lias,
lia o que a mãe lia.
Era o último a sair da luz.

Nenhuma ferida
separava teus pesadelos.
Quando vagaste em meia-idade

pela selva escura, fiquei
a conversar com tuas camisas,
aprumando boinas

que afogavam os cabelos.
Tinha sete anos ao certo
e uma lua vadia disputando

corridas comigo.
Fiquei a entreter
os tecidos alinhados,

como um exército em revista,
procurando convencer
uma peça ao menos

a delatar tua deserção.
Quando vagaste em meia-idade
pela selva escura, fiquei

alimentando o aquário
das gravatas.
Pedia privacidade às traças.

Vestia tua camisa,
copiando o ritmo
dos teus traços,

a respiração copiosa,
sendo meu próprio
e definitivo pai.

A loucura exige
disciplina
para não ser vista.

Por que me chamas
se estás completo?
A morte apara os excessos.

Herdei tua solidão

e não posso humanizá-la.
Um segredo compreendido
é um segredo morto.

Só é mortal

o que não vimos.
Despeço-me do passado
como um cavalo sem dono.

Não devo conselhos,
não devo a franqueza
das pausas,

a serenidade dos escolhos,
não devo a força
de minha fraqueza.

Mergulho os calcanhares
a empurrar
a barca do ventre

e circundas o vazio,
os ciclos do som,
conciliado com a verdade,

pai maduro de minha escolha,
navegando
a paternidade das águas.

Estamos amor-talhados,
contemporâneos das cinzas
que anulam a distância.

As praias caminham
no chinelo das gaivotas.
A aventura de impregnar

o coral e a estrela-do-mar
com os sons apeados
do coro.

Antes de dormir,
o soluço dos pés.
Antes de dormir.

Volta ao pai, pampa.

TERCEIRA SEDE

Só na velhice conheci o brio
de viver com vagar.
O rosto não tem mais residência, move-se a cada
sorvo das sombras.

Há mais terra debaixo da pele que a terra onde piso.
Atravessei o século e ainda não me percorri.

Qual a senha que transporto?
Serei contrabando de Deus, que vai quieto dentro,
receoso de se pronunciar?

Condiciono os amores a uma expectativa.
Mas é justamente ela que me impede de ser real.

Tornei-me o diário de uma viagem cancelada.

Escapa o ponto da veia. Não disponho de mapa
que me centralize, guia que indique meu paradeiro.
Minha atualidade é ter fome,
não evoluímos perante o alimento.

Nivelamos a cura ao veneno,
o tempo discrimina sua natureza.
O que chega atrasado ou adiantado, envenena.
O que é pontual, cura.

Nossas fachadas carecem de uma segunda mão.
Os moradores ancestrais e os novos
estão sobrepostos, misturados, na cor das paredes.

Descender valerá o sacrifício se nos inventarmos.

A feição cumpre um dever ou é minha maneira
de concordar com a imperfeição?
Será que a ambição não me permite ser o que sou?
Ou realmente, distraído com o que levo,
não leio os sinais, os mínimos indícios
de uma vida maior que a lealdade aos costumes?

Não sei absorver a mensagem da troca de guarda
entre a coruja e o melro. Muito menos traduzir
o que sente o cão quando percebe que a ave lacerada
não tinha ossos a compensar o esforço.

Será a fidelidade uma forma de trair?
O amor afiança a fortuna no hálito,
desterrado é pelo hábito.

Como retomar o instante que consenti, não mais
participando do mundo
para que as coisas corressem a esmo?

Ao conversar com minha filha, às vezes me dói
a responsabilidade de conduzir sua inocência.
Se ela soubesse o desaviso da encruzilhada,
que aceitei uma trilha ao léu, entrei numa rua,
no casamento, pela idéia de seguir o fluxo.

Não me empurrem mais, não vou por onde não sei.
Deixa-me pensar o corpo, deixa o corpo me pensar.

Ser inteiro custa caro.
Endividei-me por não me dividir.
Atrás da aparência, há uma reserva de indigência,
a volúpia dos restos.

Parto em expedição às provas de que vivi.
E escavo boletins, cartas e álbuns
— o retrocesso da minha letra ao garrancho.

O passado tem sentido se permanecer desorganizado.
A verdade ordenada é uma mentira.

O musgo envaidece as relíquias. Os dedos retiram as teias,
assisto à revoada de insetos das ciladas.
Fujo da claridade, refulge a poeira.
O par de joelhos na imobilidade de um rochedo.

Reviso o testamento, alisando a textura
como um gramático da seda.
Desvendo o que presta pelo som do corte.

O que ansiava achar não acho
e esbarro em objetos despossuídos de lógica
que me encontram antes de qualquer pretensão.

O que fiz cabe numa caixa de sapatos.

Estive sempre de pé no ônibus, espremido entre o ferro
da cadeira e o rumor dos passageiros.
Educado a ser o último, cedi o lugar a gestantes e idosos.
Estive sempre de pé no ônibus, me defendendo
ao largo do corrimão de tantos rumos,
alianças e ponteiros com paradas diferentes.
E o brado irritante do cobrador ainda a exigir
um passo à frente.

O fato de não ter sido é mais trabalhoso
do que a fama. Prossegui a me imaginar,
sondando o que poderia ter vivido.
Disperso, anônimo, no comício do mar
e nas trevas.

Diminuindo o risco, reduzimos a possibilidade
de nos libertar. O medo, o medo, o medo
é o que nos faz escolher.

Descobre-se um amor
na iminência de perdê-lo.

Ando o dia inteiro a perseguir teus traços.
As esquinas se dobram como pétalas apressadas
murchando os passos. Olho os dois lados
ao atravessar teu rosto.

Refaço teu roteiro preferido, as ladeiras
se espreguiçando no rio, o chalé da Praça XV, o museu,
o viaduto da Borges. A luz dá voltas na quadra
buscando uma vaga em meu jeito vago.

Viver é o máximo que te prometo.
No espaço miúdo entre as duas datas
que te definem.

Haverá um homem afastado da esposa,
um filho dos pais, os pais dos pais, Deus de Deus.
Haverá uma ausência e o terror de não ser
atento o suficiente.

O que o fogo já leu de cartas. É o derradeiro confidente.
Recolhe os rascunhos, o que escondemos no fojo.
Desfia os amantes, os desafetos, os crimes.

A sina do fogo é soprar cinzas. Nossa sina é sobrar nas cinzas.
Sou capaz de aniquilar um amor
para ver o que repousa em seu fundo.

O mundo é alheio, nos portamos como visitas.
Cresce a vergonha de minhas dúvidas.

Experimento a agressividade nos pequenos gestos,
espanco o cigarro até apagar. Meu bem-estar
é estar de bem com toda a gente
e isso é impossível.
Nem em minha família fui unânime.

Era raro permitir-se jóias,
as orelhas desfolhadas como o inverno.
Resignado, colo teus brincos quebrados.

Onde estás? Residindo no desconhecido
ou resistindo em meu conhecimento?

O paraíso é a paz ardente, renúncia terrena,
terra esquecida.
Ainda que não me lembre, legarei memória.

Onde estás? Tua cor morena,
o crepúsculo contornou a encosta e não encontrou igual.
Onde estás? Teus olhos africanos,
a escuridão encorpou os córregos e não encontrou iguais.
Onde estás? Os músculos de teu ventre,
o vento revirou a tempestade e não encontrou iguais.

Acreditei que te aproximavas e recuavas,
como uma ilha nadando de costas.
E não encontrei amor igual.

Não prometo que as laranjas amadureçam
arredondadas, que a colmeia transborde brasas,
que a horta de verduras seja eito de ventura.

Não peço que leias pensamentos, muitos deles te feriram.

Quero te deixar enfurecida, ofender tua insônia.
Quero bombear mais rápido teu sangue,
ciscar no idioma uma palavra que te maltrate.
Quero ser tua impaciência esfriando devagar,
rir de tua loucura ajeitando as malas.

O jogo de cena contenta os casais que ensaiam seus papéis.
Não a nós, aprumados na contenda.
Nossos corpos foram moldados à discordância.

A mesma proximidade que mata, salva.

Cumprias distâncias em mim.
Madrugando não alcançaria.

Venho de tua lonjura, os braços eram remos
no barco e aço da âncora.
Acostumado à extensão das raízes,
não sobrevivo no vaso dos pés.

Passei a vida aprendendo a respeitar teu espaço.
Como povoá-lo após tua partida?

Como antes, te espero para sair,
suportando o atraso.
Mas nada te trará novamente. Não serás devolvida.

Nem o espelho foi meu cúmplice.
Teus aniversários não acendem mais.
O fósforo está usado, o pavio umedecido. Não serás levada
ao mercado público com roupa de domingo, não puxarás
a ponta de minha camisa como uma menina.

A pedra é fria. A escada oferece o colo dos degraus.
Desfeita a perenidade, aparento uma eternidade avançada.

Não escrevo para me expor, mas transpor o escrito,
reavivar a natureza-morta. As palavras, como peras,
perecem ao toque. E é tarde para não mastigá-las.

Palavras e palavras, destruíram as que me dariam significado.
Mudei de endereço e nenhum sinônimo me localiza.

A morada em que nasci ondula no ouvido, demorada.
A água-furtada congela, a tesoura da cordilheira
poda as uvas e o cristal da vide. O quintal estende os uivos
pela vizinhança.

A morada em que nasci é possível entrar
a qualquer estação, alienada das órbitas do fruto.

Dispensa chaves e aldravas, combinação de avos e travas.
O corredor caminha, a galeria de retratos caminha,
o túnel familiar caminha, levando minha mãe.
Do círio rente à face seus cílios ardem no escuro.

A morada em que nasci me habita.

A infância é a humildade do mel, o enxame dos astros,
um vento parado vendo o tamanho do seu lastro.
É coisa sobrenatural, a nós, que amadurecemos
perdendo a naturalidade.

Só na velhice a forma está na força do sopro.
Respeito Lázaro, que a custo de um milagre
faleceu duas vezes.

O medo é de dormir na luz.
Lamento ter sido indiscreto
com minha dor e discreto com minha alegria.

Só na velhice a mesa fica repleta de ausências.
Chego ao fim, uma corda que aprende seu limite
após arrebentar-se em música.
Creio na cerração das manhãs.
Conforto-me em ser apenas homem.

Envelheci,
tenho muita infância pela frente.

BIOGRAFIA DE UMA ÁRVORE

Na eternidade, ninguém se julga eterno.
Aqui, nesta estada, penso que vou durar
além dos meus anos, que terei
outra chance de reaver o que não fiz.
Se perdoar é esquecer, me espera o pior:
serei esquecido quando redimido.

Não me perdoes, Deus. Não me esqueças.
O esquecimento jamais devolve seus reféns.

A claridade não se repete. A vida estala uma única vez.

Somos fumaça e cera,
limo e telha,
névoa e leme.
O inverno nos inventou.

Não importa se te escuto
ou se explodes meus ouvidos de orvalho:
morre aquilo que não posso conversar?

Ficarei isolado e reduzido,
uma fotografia esvaziada de datas.
Os familiares tentarão decifrar quem fui
e o que prosperou do legado.
Haverei de ser um estranho no retrato
de olhos vivos em papel velho.

Escrevo para ser reescrito.
Ando no armazém da neblina, tenso,
sob ameaça do sol.
Masco folhas, provando o ar, a terra lavada.
Depois de morto, tudo pode ser lido.

Conservei o violino no armário,
um relógio de cordas.

O violino é uma árvore migratória.
Reproduz alguma tempestade antiga,
quando o crepúsculo tinha pele.

Vivo do passado
como quem amou o suficiente.
Adiantei-me de amores
e depois fiquei a esperá-los
sem ter o que fazer.

Não consegui ser absoluto na farsa,
íntegro na maldade,
paciente na pressa.
Misturei as verdades com as mentiras.
Mas a verdade, essa,
não aceita companhia.

A aliança já é um osso no dedo.

Ter se acostumado um com outro
não significa que avançamos.

Somos residências geminadas
se correspondendo pelos muros.

Além de mudar de idioma,
modificarei meu silêncio?

Como represar o que não posso ver?

Atendi o pedido dos pais
de não conversar com estranhos
e deixei de me escutar.

Meus irmãos colecionavam selos, moedas,
borboletas e revistas.
Eu, silêncios.

A brisa se mistura aos cheiros das lembranças.
É como se eu estivesse regressando.

Posso brincar lá fora?

O pampa é meu pátio.
Como dói a porta fechada por dentro.
Não ter para onde ir é uma forma de sempre chegar.

Roubei o dízimo, enrolei o papel seda
dos versículos para fumar tuas promessas.
Pisei em teu rosto com a luz suja de um livro.
A neblina me perseguiu enfurecida
e não viu que estava nela.

Peço desculpas como uma criança,
as mãos algemadas
na inocência nociva.

Como enganar os gestos?
Minha vontade de abraçar
esgana.

Todos os meus erros descendem do excesso,
não da penúria.

Cerca-me da cegueira,
tal relâmpago que acende o bosque
para as aves pousarem nele.

Cerca-me da cegueira,
desapegando do que não vi.

Cerca-me da cegueira,
a fidelidade do vento é testada no naufrágio.

Cerca-me da cegueira,
como uma fruta apanhada com os dentes.

Cega-me.
Meu desespero fracassou
ao passar a noite em claro.
Fez amizade com as sombras.

Enquanto te espero,
sou chamado ao portão. Não respondo.
O nome ajuda a envelhecer.

Pela rua deserta, as pessoas passam,
fechadas como as lojas.

Enquanto te espero,
custo a recobrar o sono recente.

A nudez adormece
quando acordamos.

Amadurecem os dias
como se não fossem meus.

Ao chegares,
desisto do perdão.

Deus, não tens opção.
Só o homem tem a chance
de não ser.

Prosseguir mentindo
é o jeito que encontrei
de viver aproximado da realidade.

Dificulta-me repartir.
Ocultava o alimento no quintal.
O que não comia, escondia para o próprio proveito.
Nossa fome não acompanha
a idade dos dentes.

A morte me perturba,
terei o sofrimento
de não corrigi-la
antes de ser publicada.

Apagado em laje fria,
quem trocará a minha roupa de cama?

Acordarei impessoal,
desprovido do alarme das pálpebras?

Até quando serei o que compreendo?

Não sou unânime para te dizer sim.
Dissidências me governam.

Entardeço sem ênfase.
Não sei fechar um livro
ou vedar uma frase.

As confissões são inventadas.
Meus personagens foram maiores
do que o enredo.

Tira as flores da água.
Ainda não morri.

Ainda sobrevôo
minha sombra,
esta vida insuportável de moscas.
As moscas são os anjos da miséria,
estão em toda parte,
escoltando o apodrecimento.

Deus, peço tua demissão por justa causa.
Não saberás se falo sério ou se estou rindo.
Vou indo. Na incerteza, o réu é sempre absolvido.

Índice de primeiros versos

1ª EDIÇÃO [2003] 1 reimpressão

ESTA OBRA FOI COMPOSTA PELO ACQUA ESTÚDIO EM MERIDIEN E
FOI IMPRESSA PELA PROL EDITORA GRÁFICA EM OFSETE SOBRE PAPEL
PÓLEN BOLD DA SUZANO PAPEL E CELULOSE PARA A EDITORA SCHWARCZ
EM FEVEREIRO DE 2008